CalmeMara-Bücher tun Gutes:

Mit jedem Kauf bei uns unterstützt du die sozialen Projekte und die Tiere vom Begegnungs- und Gnadenhof *Dorf Sentana* in Bielefeld. Denn einen Teil unserer Erlöse spenden wir direkt an die Sentana Stiftung.
Mehr dazu unter www.sentana-stiftung.com

CalmeMara-Bücher schützen Tier und Umwelt:

Dieses Buch wurde in Deutschland und komplett vegan hergestellt. Damit das Buch lange lebt, ohne der Umwelt zu schaden, wurden Drucklack auf Wasserbasis und eine kompostierbare ECO-Schutzkaschierung eingesetzt. Das Papier stammt aus vorbildlich bewirtschafteten, FSC®-zertifizierten Wäldern und anderen kontrollierten Quellen. Zum Ausgleich der angefallenen CO_2-Emissionen unterstützen wir ein Brunneninstandsetzungsprojekt in Eritrea.

member of Albatros Media Group
Title: Colours in Nature
Authors: Jana Sedláčková, Štěpánka Sekaninová
Illustrator: Magdalena Konečná
www.albatrosmedia.eu

Für die deutsche Ausgabe:

1. Auflage 2024

Übersetzung: Mirko Kraetsch
Satz: Elena Barschazki
Korrektorat: Helge Pfannenschmidt
Druck und Bindung: Kirchner Print.Media, Kirchlengern
Printed in Germany

ISBN: 978-3-948877-49-1

Besuch uns doch mal im Internet: www.calmemaraverlag.de

Magdalena Konečná • Jana Sedláčková • Štěpánka Sekaninová

So bunt ist die Natur!

Aus dem Tschechischen von *Mirko Kraetsch*

Inhaltsverzeichnis

Vorwort

Wer hat die Bäume grün gemalt? Solche und andere Zauberkunststücke beherrscht nur die Natur. Sie erstrahlt in den allerbuntesten Farben.

Schon vor langer Zeit haben wir Menschen damit begonnen, Farbschattierungen nach Pflanzen, Tieren und Mineralien zu benennen. So konnten wir sie besser unterscheiden. Nach und nach wurden immer mehr Pflanzen, Tiere und Mineralien entdeckt, die uns an die bereits benannten Farben erinnerten. Also nutzten wir die Namen der Farbtöne, die wir bereits kannten, um diese neuen Entdeckungen zu benennen.

Wie heißen nun all die schönen Farbnuancen? Wir wollen sie uns gemeinsam anschauen, eine nach der anderen, von Schneeweiß über Kanariengelb, Rubinrot, Vergissmeinnichtblau und Moosgrün bis hin zum allerschwärzesten Schwarz, dunkel wie der Nachthimmel. Auf jeder Seite entdeckst du Pflanzen, Tiere und Steine. Einige von ihnen können mit den verschiedenen Farben in Verbindung gebracht werden. Findest du heraus, welcher Farbton zu welcher Abbildung gehört?

Mond
Kokosnuss
Opal
Eier der Türkentaube
Mandel
Bergkristall
Steinsalz
Kaschmirziege
Mondstein
Schneeeule
Alaska-Schneeschaf
Silberreiher
Kohlweißling
Gänseblümchen
Kamille
Maiglöckchen
Höckerschwan
Baumwolle
Brandhorn
Champignon
Polarweiß
Reinweiß
Schneeweiß
Maiglöckchenweiß
Muschelweiß
Baumwollweiß

Weiß

Das Weiß schwebt leicht dahin;
die mollige *Wolke* am Himmel, der weißliche *Flaum der Pusteblume* …
Zarter Flugschirm, wohin trägst du das Weiß?
Durch einen Schneesturm mit klimpernden *Eiszapfen* …
Weit, weit weg! Dorthin, wo die *Schneeflocken* wirbeln und tanzen.

Erlenzeisig
Plumeria
Bernstein
Klebriger Hörnling
Kegeliger Saftling
Goldregen
Schwefel
Gold
Gespenstschrecke
Kohlmeise
Gelbe Narzisse
Vanille
Greifschwanz-Lanzenotter
Regensburger Gelbling
Schlüsselblume
Honig
Honigbiene
Wiesen-Platterbse
Mais
Ingwer
Ananas
Banane
Zitrone
Gelber Frauenschuh
Vanillegelb
Bananengelb
Kanariengelb
Zitronengelb
Narzissengelb
Sonnengelb

Gelb

Das Gelb lacht wie blühende *Sonnenblumen*.
Es summt wie eine vorbeifliegende *Hummel*.
Und es kribbelt. Es kribbelt und wärmt, wie die *Sonnenstrahlen*,
die jeden Morgen dein Gesicht kitzeln.

Wanderfalke
Waldohreule
Garten-
kreuzspinne
Großes
Nachtpfauenauge
Hain-Schnirkelschnecke
Wüstensand
Gämse
Zweihöckriges
Kamel
Thomson-
Gazelle
Waldbüffel
Giraffe
Riesen-
känguru
Bongo-Antilope
Löwe
Waldkauz
Reh
Hirschkuh
Eurasischer Luchs
Gerste
Feldsperling
Rothirsch
Hirschkalb
Büffelbraun
Luchsbraun
Rehbraun
Zwiebelbraun
Strohbraun
Sandbraun

Hellbraun

Das Hellbraun klingt wie der freundliche Ruf der *Eule*.
Es duftet süß nach *Zimt*. Und es rinnt fein durch deine Finger.
Ganz weich, wie rieselnder *Sand* und das Schnurren eines Katers.

Pfirsich
Hokkaidokürbis
Maskentrupial
Prärie-Kokardenblume
Goldenes Löwenäffchen
Kapuzenzeisig
Engelstrompete
Rotfuchs
Akepakleidervogel
Kleiner Fuchs
Eichhörnchen
Königstiger
Gelbrote Taglilie
Ringelblume
Feueropal
Leuchtender Sonnenhut
Papaya
Clownfisch
Bergmolch
Koralle
Mandarine
Pfirsichorange
Koralle
Karottenorange
Papayaorange
Apricot
Feueropal

Orange

Das Orange tanzt im Wirbel des *Herbstlaubs*,
im feurigen Funkeln der Abendsonne
und mit dem Geschmack süßer *Apfelsinen* auf den Lippen
verschluckt es die Reste des ausklingenden Sommers.

Goji-Beere
Himbeere
Scharlachtangare
Dompfaff
Hibiskus
Distelfink
Admiral
Rotgesichtsmakake
Roter Tropfen-astrild
Rotkardinal
Sonnenamadine
Kirsche
Marienkäfer
Wanderdrossel
Rotstirn-Schnäpper
Roter Panda
Hagebutte
Vogelbeere
Heckenrose
Weintraube
Erdbeere
Roter Fliegenpilz
Klatschmohn
Erdbeerrot
Kirschrot
Weinrot
Tomatenrot
Himbeerrot
Rubinrot

Rot

Das Rot strahlt als *Mohnblüten*-Kleider in Wiesen und Feldern. Hineingezaubert in die Flügel der *Marienkäfer* fliegt es über Ebenen aus *roten Rosen* und landet auf Händen – süß vom Saft frisch gepflückter *Erdbeeren*.

Rosenholz
Rosa Achat
Fuchsie
Magnolie
Rosenstar
Purpur-Sonnenhut
Bechermalve
Essigrose
Erdrauch
Kirschbaum
Kuckucks-Lichtnelke
Türkenbundlilie
Karminspint
Nachtfalter-Orchidee
Rote Nachtviole
Teerose
Annakolibri
Alpenveilchen
Rosenbrust-Schnäpper
Weg-Malve
Distel
Kornrade
Begonie
Roter Fingerhut
Japanische Blütenkirsche
Quarzrosa
Kirschblütenrosa
Flamingorosa
Teerosenrosa
Malve
Distelrosa

Rosa

Das Rosa schmiegt sich ins zarte Gefieder der *Frühlingsvögel*,
schimmert sanft unter den Augenlidern und duftet,
duftet wie die *Blüten* eines einsamen *Kirschbaums* am Weg.
Farbe der *Rosen*, sanft wie das Schlagen von *Flamingoflügeln*.

Amethyst
Aubergine
Brombeere
Granatastrild
Schildturako
Purpurnaschvogel
Holunder
Blauregen
Prachtscharte
Samt-Skabiose
Frühlingskrokus
Luzerne
Purpurrote Taubnessel
Purpurkopfbarbe
Wiesen-Schwertlilie
Violetter Seeigel
Fluorit
Violettkronennymphe
Violettkopfkolibri
Feldthymian
Dattel
Feige
Heidekraut
Lavendel
Amethystlila
Brombeer
Flieder
Schwertlilienlila
Violett

Lila

Das Lila atmet die Sehnsucht der *Lavendelsträucher* – kennst du den Duft? Schmeckst du es in den *Weintrauben*? Süßlich und ein wenig bitter? Am Abend, wenn die *Veilchen* müde ihre Blüten schließen, lockt das Lila uns mit Träumen von geheimnisvollen Reisen und einem Mund voll *Brombeeren*.

Lapislazuli
Türkis
Saphir
Indigofink
Himmelsfalter
Rotklee-
Bläuling
Zweiblättriger
Blaustern
azurblauer
See
Leberblümchen
Glockenblume
Kleines
Immergrün
Eisvogel
Kornblume
Liebeshainblume
Stauden-Lupine
Wegwarte
Wald-
Vergissmeinnicht
Krickente
Hyazinth-Ara
Heidelbeere
Flachs
Armenische
Traubenhyazinthe
Vergissmeinnichtblau
Kornblumenblau
Türkis
Himmelblau
Azurblau
Ozeanblau

Blau

Das Blau glänzt in den Kronen von aufgetakelten *Pfauen*,
rauscht ungestüm durch *Bergbäche*
und legt auf *heidelbeerblaue* Lippen einen Hauch von Salz.
Funkelnde Kristalle aus tiefen dunkelblauen *Ozeanen*,
grenzenlose Spiegel des Himmels.

Kannenpflanze
Avocado
Kiwi
Limette
Grüne Olive
Rotaugenlaubfrosch
Mistel
Teepflanze
Birke
Wellensittich
Jemenchamäleon
Grünbrust-
Mangokolibri
Grünspecht
Grüne
Meeresschildkröte
Nilkrokodil
Saguaro-Kaktus
Madagaskar-
Taggecko
Grüne
Mamba
Aloe
Vera
Feigenkaktus
Venusfliegenfalle
Brennnessel
Moos
Bambus
Pistazie
Waldsauerklee
Kriech-Quecke
Gewöhnliches Knäuelgras
Wiesen-Rispengras
Acker-
Schachtelhalm
Farn
Aal
Europäischer
Laubfrosch
Karpfen
Hecht
Gras
Jadegrün
Lindgrün
Mintgrün
Pistaziengrün
Apfelgrün
Olivgrün

Grün

Die grünen Blätter der *Apfelbäume* lachen der Welt aus Gärten entgegen, üppige Wälder rauschen nach dem Regen grün in der Ferne. Grüne *Laubfrösche* quaken den *Karpfen* grüne Lieder vor und auf den Grund der Tümpel fallen der Wald, der Garten und das Rätsel des grünen *Mooses*.

Gänsegeier
Kokosnuss
Kakaobaum
Walnuss
Haselnuss
Habicht
Sunda-Plumplori
Haubenmeise
Kiefernzapfen
Rauchquarz
Braunerde
Elch
Lärchenzapfen
Kojote
Neuntöter
ockerbrauner Felsen
Borneo-Orang-Utan
Wisent
Rohrkolben
Rohrammer
Mahagoni
Graugans
Pferd
Biber
Kreuzotter
Kakaobraun
Ocker
Kokosnussbraun
Kojotenbraun
Kaffeebraun
Erdbraun

Braun

Das Braun liegt schwer in gepflügten Feldern,
im runzligen Stamm der hundertjährigen Eiche
und im feuchten, zur Aussaat vorbereiteten *Boden*.
Hörst du, wie es unter den Hufen der *Pferde* dröhnt?
Das Braun – seidig weich in einer Tasse Schokolade.

Basaltfelsen
Bartkauz
Braunes Langohr
Felsentaube
Graukopfstar
Salweide
Grauhörnchen
Hausmaus
Maulwurf
Wolkenachat
Falkenauge
Siebenschläfer
Graureiher
Hausesel
Dachs
Türkentaube
Elefant
Kuckuck
Elfenbein-Mannstreu
Strauß
Grauspecht
Spitzmaulnashorn
Silbergrau
Taubengrau
Achatgrau
Granitgrau
Kieselgrau
Delfingrau

Grau

Bahn dir deinen Weg durch den grauen, dichten Nebel.
Pass auf, wo du hintrittst, am Strand voll nasser, glatter *Kieselsteine*,
die ihre Geschichten in deine Fußsohlen schreiben.
Geschichten, die sich die *Delfine* zugeflüstert haben.

Kohle
Hämatit
Buntspecht
Mitternachts-
himmel
Onyx
Schneeflockenobsidian
Grafit
Dalmatinerjaspis
Amsel
Feuersalamander
Kiebitz
Schiefer
Arabischer
Fettschwanz-
skorpion
Vogelspinne
Star
Schwarzspecht
Hirschkäfer
Ebenholzbaum
Feldgrille
Lederlaufkäfer
Schwarze
Johannisbeere
Schwertwal
Schwarze Olive
Elster
Schwarze Koralle
Mantarochen
Schwarze
Bohne
Grafitschwarz
Anthrazit
Rabenschwarz
Kohlschwarz
Onyxschwarz
Krähenschwarz

Schwarz

Schwarz ist die *Nacht*, die ihre Sterne verloren und den Tag mit einem Mantel verhüllt hat. Mit Tinte übergossen und mit *Kohle* nachgezeichnet, unter der es – kra-kra – in der Stille krächzt, während eine *Krähe* auf dem Feld an einem gefrorenen Erdklumpen pickt.

Farben mischen

Durch das Mischen der drei *Grundfarben* Rot, Gelb und Blau entstehen viele weitere Farbtöne. Rot und Gelb ergeben zusammen Orange, Gelb und Blau werden zu Grün und Blau und Rot zu Lila.

Wenn du Weiß hinzufügst, machst du jede Farbe *heller* …

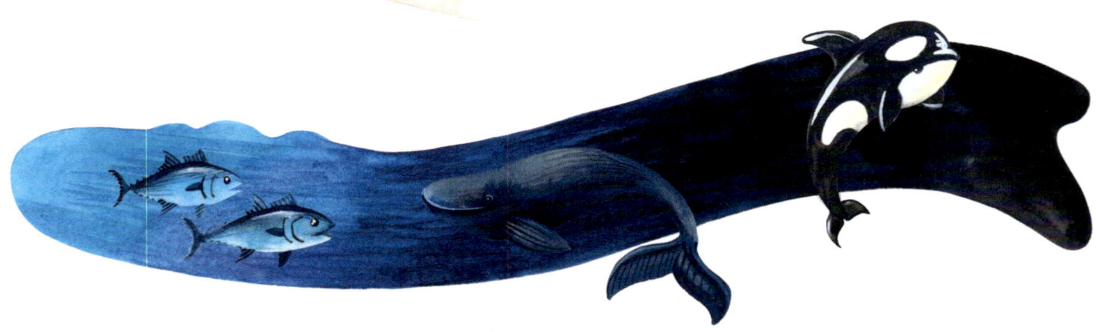

… und wenn du Schwarz hinzufügst, wird sie *dunkler*.

Wenn du weitere Farbtöne mischen möchtest,
kannst du die folgenden Rezepte für Fortgeschrittene nutzen: